Informationen zur neuen deutschen Rechtschreibung

*Nach den Beschlüssen
der Wiener Orthographiekonferenz
vom 22. bis 24. 11. 1994
für Deutschland, Österreich
und die Schweiz*

Herausgegeben von der Dudenredaktion
in Zusammenarbeit mit
der Schweizerischen Konferenz
der kantonalen Erziehungsdirektoren
und dem Koordinationskomitee
für Orthographie des
Bundesministeriums für Unterricht
und Kunst, Wien

DUDENVERLAG
Mannheim · Leipzig · Wien · Zürich

Verfaßt von Horst Sitta (Präsident der Arbeitsgruppe
Rechtschreibreform der Schweizerischen Konferenz
der kantonalen Erziehungsdirektoren in Bern)
und Peter Gallmann

in Zusammenarbeit mit Gerhard Augst (Leiter der
Kommission für Rechtschreibfragen des IDS in Mannheim)
und Karl Blüml (Leiter der Wissenschaftlichen Arbeitsgruppe
des Koordinationskomitees für Orthographie beim
Bundesministerium für Unterricht und Kunst in Wien)
unter Mitwirkung der Dudenredaktion

Die Deutsche Bibliothek - CIP-Einheitsaufnahme
Sitta, Horst
Duden, Informationen zur neuen deutschen Rechtschreibung:
nach den Beschlüssen der Wiener Orthographiekonferenz
vom 22.-24. 11. 1994 für Deutschland, Österreich und die Schweiz/
[verf. von Horst Sitta und Peter Gallmann. In Zusammenarbeit
mit Gerhard Augst und Karl Blüml]. Hrsg. von der Dudenredaktion.
In Zusammenarbeit mit der Schweizerischen Konferenz
der Kantonalen Erziehungsdirektoren (EDK) und dem
Koordinationskomitee für Orthographie des Bundesministeriums
für Unterricht und Kunst, Wien. -
Mannheim; Leipzig; Wien; Zürich: Dudenverl., 1994
ISBN 3-411-06131-6
NE: Gallmann, Peter:; Informationen zur neuen
deutschen Rechtschreibung; HST

Alle Rechte vorbehalten
Nachdruck nur mit besonderer Genehmigung des Verlages
© Bibliographisches Institut & F. A. Brockhaus AG,
Mannheim 1994
Printed in Germany
ISBN 3-411-06131-6

Vorwort

Unsere heute geltende Rechtschreibung geht auf die Beschlüsse der staatlichen Orthographiekonferenz im Jahre 1901 in Berlin zurück. Als die Teilnehmer an dieser Konferenz auseinandergingen, da waren sich alle darüber im klaren, daß diese Konferenz nicht den Abschluß, sondern den Anfang in den Bemühungen um eine sinnvoll geregelte und leicht zu handhabende deutsche Rechtschreibung bilden sollte. Die Einheitsschreibung, die Konrad Duden seit 1880 mit seinem »Vollständigen Orthographischen Wörterbuch der deutschen Sprache« vorbereitet hatte, war erreicht, nun sollten systematische Vereinfachungen und Verbesserungen folgen.

Mehr als neunzig Jahre sind seitdem vergangen, von denen beinahe jedes Jahrzehnt eine Auseinandersetzung mit den amtlich festgelegten Regeln und Schreibweisen gebracht hat. Diese neunzig Jahre sind aber nicht nur durch eine ständige Unruhe im Bereich der Rechtschreibung gekennzeichnet, sondern auch durch eine unglückliche Entwicklung in der Einschätzung orthographischer Normen. An den Schulen wurde die Rechtschreibung häufig unkritisch vermittelt, vieles, was der Vereinheitlichung dienen sollte oder nur als Orientierungshilfe gedacht war, zur starren Norm erhoben, jede Abweichung von der Norm streng mit dem Rotstift geahndet und so vielen Menschen für ihr ganzes Leben die Angst vor der Blamage beim Schreiben eingeflößt. Diese Überbewertung der Rechtschreibung belastete mehr und mehr den Deutschunterricht an den Schulen und führte nicht selten dazu, daß Rechtschreibleistung mit Intelligenz gleichgesetzt wurde und die Auswahl für die weiterführenden Schulen entscheidend beeinflußte. Auch außerhalb der Schule wirkte die Überbewertung fort: Eine fehlerhafte Beherrschung der Rechtschreibung wurde von vielen Menschen mit Unbildung gleichgesetzt.

Alle Versuche, aus dieser Misere herauszukommen, alle noch so gut gemeinten Vorschläge, die orthographischen Normen überschaubarer und leichter handhabbar zu machen, führten in den zurückliegenden Jahrzehnten zu keinem Erfolg. Erst auf der Wiener Orthographiekonferenz vom 22. bis 24. November 1994 konnten sich – nach jahrelangen wissenschaftlichen Vorarbeiten – Fachleute und Vertreter der zuständigen staatlichen Stellen aus allen deutschsprachigen Ländern über die Neuregelung der deutschen Rechtschreibung verständigen – sie muß jetzt noch in Deutschland, in Österreich und in der Schweiz den Weg durch die politischen Entscheidungsinstanzen gehen und dann vertraglich vereinbart werden.

Bei der Neuregelung handelt es sich nicht um eine »Reform an Haupt und Gliedern«, sondern um eine »kleine Reform der Vernunft«, man könnte sie auch als eine »aktualisierende Pflege der Rechtschreibung« bezeichnen, die eine Reihe von Vereinfachungen und Verbesserungen vornimmt, ohne das vertraute Schriftbild wesentlich zu verändern. Die Neuregelung nimmt Rücksicht darauf, daß viele Menschen in den überkommenen Schriftbildern die Sprache selbst bewahrt sehen und bei stärkeren Eingriffen befürchten, daß es zu einem Bruch in der Schreibtradition kommt und die Sprache Schaden nimmt.

Die Dudenredaktion hält es für ihre Pflicht, die Öffentlichkeit, für die der Duden in allen Fragen der Rechtschreibung und der Sprache generell maßgebend ist, über die Wiener Orthographiekonferenz, die Neuregelung und ihre Umsetzung umfassend zu informieren. Sie sieht es auch als ihre Aufgabe an, die Durchsetzung der Neuregelung zu unterstützen und den Umsetzungsprozeß zu beschleunigen, und sie wird auch weiterhin mit dem Duden dazu beitragen, die Einheitlichkeit der Rechtschreibung im gesamten deutschen Sprachraum zu sichern.

Mannheim, den 10. Dezember 1994

Prof. Dr. Günther Drosdowski
Leiter der Dudenredaktion

Die Neuregelung
der Rechtschreibung

Auf der Wiener Orthographiekonferenz vom 22. bis zum 24. November 1994 verständigten sich die Vertreter der deutschsprachigen Länder über eine Neuregelung der deutschen Rechtschreibung. Diese Neuregelung wird einiges an Veränderungen für unser Schreiben und Lesen bringen – Veränderungen, die hoffentlich von vielen als Verbesserungen erlebt werden können. Allerdings (und das wird die einen ebenso beruhigen, wie es die anderen enttäuschen wird): Tiefgreifende Veränderungen bringt die Neuregelung nicht, kann sie auch gar nicht bringen. Unsere Rechtschreibung ist historisch gewachsen, Eingriffe in das Ergebnis solcher Wachstumsprozesse sind nicht »mit der Brechstange« möglich, sie brauchen Augenmaß und Behutsamkeit. Immerhin läßt sich sagen, daß mit den Beschlüssen zur Neuregelung unserer Rechtschreibung ein Weg beschritten worden ist, der das Schreiben in bestimmten Bereichen erleichtern wird, ohne das vertraute Schriftbild wesentlich zu verändern und die Lesbarkeit der Texte zu beeinträchtigen. Zudem ist das Regelwerk besser strukturiert worden, es wird übersichtlicher und leichter zu handhaben sein. Und wichtig ist nicht zuletzt: Es ist ein Anfang gemacht worden, weitere Vereinfachungen und Verbesserungen können sich zu einem späteren Zeitpunkt anschließen.

Im folgenden soll in einem ersten Schritt auf eine Reihe von Fragen eingegangen werden, die sich im Zusammenhang mit der Neuregelung ergeben haben; in einem zweiten Schritt werden die Veränderungen skizziert, die die Neuregelung bringt. Daran schließt sich ein Ausblick auf die Durchsetzung der Neuregelung und die Umstellungszeit an.

Fragen im Zusammenhang mit der Neuregelung

2   Jede Veränderung schafft zunächst einmal Unruhe, zwingt zur Überprüfung hilfreich gewordener Routinen, wirft Fragen auf. Um Antworten auf solche Fragen geht es im folgenden:

Wozu überhaupt eine Neuregelung für unsere Rechtschreibung?

3   Die deutsche Rechtschreibung hat sich über Jahrhunderte hinweg entwickelt, nicht regellos, aber auch nicht einem systematischen Konzept folgend. Einheitlichkeit in der Schreibung gibt es im deutschen Sprachraum erst seit der Rechtschreibkonferenz von 1901 bzw. seit der an sie anschließenden amtlichen Regelung der Schreibung durch die Regierungen Deutschlands, Österreichs und der Schweiz im Jahre 1902. Diese Einheitlichkeit, die heute weitgehend durch den Duden (Band 1: Rechtschreibung der deutschen Sprache), in Österreich auch durch das Österreichische Wörterbuch gesichert wird, ist 1901 über Kompromisse unter konkurrierenden Regelungen und Schreibvarianten zustande gekommen – oft auf Kosten von

Systematik und Einfachheit. Und manches, was an Entscheidungen in der Zeit danach (vor allem durch Einzelfallregelungen) hinzugekommen ist, hat die Erlernbarkeit der Rechtschreibung eher erschwert als erleichtert. Man schreibt z. B. *als Ganzes gesehen,* aber *im ganzen gesehen,* oder *beim Bisherigen bleiben,* aber *beim alten bleiben.* Wir trennen z. B. *Metall-urg,* aber *Drama-turg.* In dem Satz *Ich versuchte(,) das Gerät zu reparieren* kann ein Komma gesetzt werden, in dem Satz *Ich habe versucht, das Gerät zu reparieren* ist das Komma obligatorisch, in dem Satz *Ich habe das Gerät zu reparieren versucht* darf dagegen kein Komma stehen. Wie die Dinge liegen, sind selbst geübte Schreiber nicht immer in der Lage, allen Feinheiten der deutschen Rechtschreibregelung gerecht zu werden. Hier liegt der Grund dafür, daß in angemessenen Abständen versucht werden muß, Systematisierungen vorzunehmen und das Regelwerk überschaubarer und leichter handhabbar zu machen.

In wessen Auftrag wurde an einer Reform gearbeitet?

Nach Einführung der einheitlichen Rechtschreibung im deutschen Sprachraum 1902 hat es immer wieder Versuche gegeben, die Einheitsschreibung zu verbessern – im Durchschnitt *einen* pro Jahr; keiner davon war erfolgreich. Die jetzt vorgelegte Neuregelung wurde in den 70er Jahren durch Arbeitskreise in Berlin/Rostock und in Mannheim vorbereitet. Ihre Arbeit erfuhr Unterstützung auf der politischen Ebene: Zwei Konferenzen, zu denen die österreichische Bundesregierung eingeladen hat und auf denen Vertreter aus fast allen Gebieten, in denen Deutsch gesprochen wird, zusammengekommen sind, waren hier von besonderer Bedeutung: die »1. Wiener Gespräche« von 1986 und die »2. Wiener Gespräche« von 1990.

5 Die wichtigsten Ergebnisse der ersten Konferenz von 1986 faßt die Abschlußerklärung folgendermaßen zusammen:

Grundsätzliches Einvernehmen wurde darüber erzielt, die auf der Orthographischen Konferenz von 1901 in Berlin erreichte einheitliche Regelung der deutschen Rechtschreibung den heutigen Erfordernissen anzupassen. Insbesondere geht es darum, die in vielen Teilbereichen der Rechtschreibung im Laufe der Zeit kompliziert gewordenen Regeln zu vereinfachen. Die Teilnehmer würdigten die umfangreichen wissenschaftlichen Arbeiten in nationalen und internationalen Gruppen und bestärkten die Wissenschaftler in ihrer Absicht, in der bisherigen Weise fortzufahren. Angesichts der Vielschichtigkeit des Gesamtbereichs wurde vereinbart, in einem ersten Schritt die Bereiche Worttrennung, Zeichensetzung, Getrenntschreibung und Zusammenschreibung sowie die Laut-Buchstaben-Beziehungen einschließlich der Fremdwortschreibung zu behandeln. Erst in einem zweiten Schritt soll die umstrittene Groß- und Kleinschreibung in Angriff genommen werden.

6 Der 1986 eingeschlagene Weg wurde von der 2. internationalen Konferenz (1990) bestätigt, die geleistete Arbeit der Arbeitsgruppen positiv gewürdigt. So heißt es unter anderem in der Abschlußerklärung:

Die Teilnehmer der diesjährigen Konferenz stellten einvernehmlich fest, daß es sich bei den inzwischen vorliegenden bzw. sich abzeichnenden wissenschaftlichen Arbeiten zur Rechtschreibreform um den am besten durchdachten Neuregelungsvorschlag zur deutschen Rechtschreibung handelt, der seit der Orthographischen Konferenz von 1901 erarbeitet wurde. Nach Abschluß der wissenschaftlichen Arbeiten und ihrer Prüfung durch die zuständigen staatlichen Stellen soll – voraussichtlich 1993 – die zwischenstaatliche Meinungsbildung an einer weiteren Wiener Konferenz fortgesetzt werden. Die Unterzeichnung einer Übereinkunft zur Reform der deutschen Rechtschreibung wird für 1995 angestrebt.

7 Die Arbeiten an der Neuregelung haben dann doch etwas länger gedauert, als man 1990 gemeint hatte. Die »3. Wiener Gespräche« konnten erst vom 22. bis zum 24. November 1994 stattfinden. Ihr Ergebnis formuliert die Abschlußerklärung so:

Die Teilnehmerinnen und Teilnehmer der 3. Wiener Gespräche berieten die noch offengebliebenen Fragen, wie z. B. solche der Fremdwortschreibung, der Getrennt- und Zusammenschreibung, der Groß- und Kleinschreibung sowie der Wortliste, die das Regelwerk ergänzt. Sie kamen in all diesen Fragen zu einvernehmlichen Lösungen, so daß nunmehr ein zwischen dem Internationalen Arbeitskreis und Vertretern aller zuständigen staatlichen Stellen der betroffenen Länder abgestimmter Neuregelungsvorschlag vorliegt, der nur noch einer gründlichen redaktionellen Bearbeitung bedarf.

Die Konferenz würdigte die sorgfältigen und umfangreichen wissenschaftlichen Arbeiten. Die Ergebnisse der Beratungen werden den politischen Entscheidungsinstanzen zur Annahme empfohlen.

Im Anschluß an die politische Willensbildung in Deutschland, in Österreich und in der Schweiz wird die Unterzeichnung eines Abkommens für Ende 1995 angestrebt.

Wer steht wissenschaftlich hinter der Regelungsarbeit?

Die Ausarbeitung der Vorschläge zur Neuregelung der deutschen Rechtschreibung ist – was die wissenschaftliche Seite angeht – Ergebnis einer produktiven Zusammenarbeit von Expertengruppen aus Deutschland, Österreich und der Schweiz. Im einzelnen waren an der Arbeit folgende Gruppen beteiligt:
- die Kommission für Rechtschreibfragen des Instituts für deutsche Sprache in Mannheim;
- die Forschungsgruppe Orthographie der Universität Rostock (vormals in Verbindung mit der Akademie der Wissenschaften der DDR in Berlin);
- die Wissenschaftliche Arbeitsgruppe des Koordinationskomitees für Orthographie beim Bundesministerium für Unterricht und Kunst in Wien;
- die Arbeitsgruppe Rechtschreibreform der Schweizerischen Konferenz der kantonalen Erziehungsdirektoren in Bern.

Wen bindet die neue Rechtschreibregelung?

9 Der Text der Neuregelung ist als amtliches Regelwerk konzipiert. Das bedeutet: Er ist als Grundlage für die Rechtschreibung innerhalb derjenigen staatlichen Institutionen (Schule, Verwaltung) gedacht, für die der Staat Regelungsgewalt beanspruchen darf. Darüber hinaus wird sich natürlich die große Mehrheit der Schreibenden nach der neuen Rechtschreibung richten.

10 Das Regelwerk deckt den allgemeinen Wortschatz ab. Es beansprucht damit keine Gültigkeit für die Schreibung von Wörtern, für die jeweils eine besondere staatliche Einrichtung verantwortlich ist (zum Beispiel die Schreibung von Personennamen in den Dokumenten der Standesämter, die Schreibung von Orts-, Straßen- und Flurnamen, die behördlich festgelegt wird, sowie die Schreibung von Firmen- und Produktnamen). Nicht zum Gegenstandsbereich des Regelwerks gehören ferner Fachausdrücke bzw. fachsprachlich gebrauchte Wörter (zum Beispiel die Terminologie der Chemie oder der Medizin).

Welchen Zielen sind die Veränderungen in der Schreibung verpflichtet?

11 Hauptziel der Neuregelung ist es, mehr Systematik – und im Zusammenhang damit mehr Einfachheit – in unsere Rechtschreibung zu bringen. Veränderungen wurden vor diesem Hintergrund unter zwei unterschiedlichen Gesichtspunkten vorgenommen: zum einen unter dem Gesichtspunkt des *Inhalts,* zum andern unter dem Gesichtspunkt der *Präsentation der Regeln.*

Unter *inhaltlichem* Gesichtspunkt ging es darum, durch behutsame Änderungen die Systemhaftigkeit unserer Rechtschreibung und den Grad der Allgemeingültigkeit ihrer Regeln zu erhöhen. Damit wird die Rechtschreibung vom Schreibenden leichter zu handhaben sein, ohne daß daraus Nachteile für den Lesenden erwachsen. Die vorgelegten Änderungen bleiben im Rahmen bestehender Grundregeln der deutschen Rechtschreibung und berühren nicht den Buchstabenbestand. Sie berücksichtigen den bisherigen Entwicklungsgang der Rechtschreibung, und sie beseitigen bestimmte Fehlerquellen oder Ungereimtheiten, die sich im Lauf der Geschichte ergeben haben. **12**

Unter dem Gesichtspunkt der *Präsentation* ging es darum, ein möglichst durchsichtig gegliedertes Gesamtregelwerk vorzulegen, das überschaubar, verständlich und handhabbar ist. **13**
So läßt sich beispielsweise die Kommasetzung auf nur drei Grundfunktionen zurückführen – was in den bisherigen Regelwerken kaum abzulesen war: Das Komma dient zur Abgrenzung (1) von Reihungen, (2) von Einschüben oder Nachträgen, (3) von Teilsätzen.

Worum geht es bei der Neuregelung?

Die Schreibung der deutschen Sprache ist (vor dem Hintergrund allgemeinerer Prinzipien) im wesentlichen auf zwei Ebenen festgelegt: auf der Ebene der *Regeln* (Ebene I) und auf der Ebene der *Einzelfestlegungen* (Ebene II). **14**

Zu den *Regeln* (Ebene I): Rechtschreibregeln sind verbindliche Handlungsanweisungen für das korrekte Schreiben, die einen größeren Problemkreis abdecken. So bestimmt beispielsweise eine Regel, daß Satzanfänge groß geschrieben werden. Wer diese Regel beherrscht, kann ohne weitere Hilfsmittel richtig **15**

schreiben, das heißt, er muß in Zweifelsfällen nicht in einem Wörterbuch nachschlagen.
Manchmal wird ein Bereich nicht von einer einzigen Regel abgedeckt, sondern von einer Gruppe von Regeln und Unterregeln, die zusammengehören. Solche Bereiche der Rechtschreibung sind etwas schwerer zu überblicken. Immerhin gilt auch hier: Wer die einzelnen Regeln und ihre Beziehungen zueinander kennt, kann ohne Hinzuziehung von Hilfsmitteln korrekt schreiben. Beispiele für eine zusammengehörende Gruppe von Haupt- und Unterregeln sind etwa die Regeln für das Setzen der Kommas und der Anführungszeichen.

16 Zu den *Einzelfestlegungen* (Ebene II): In einigen Bereichen fehlen im Deutschen verbindliche allgemeine Rechtschreibregeln. Der Grund dafür ist hauptsächlich ein historischer. Wie schon gesagt: Das System der geschriebenen deutschen Sprache hat sich über einen Zeitraum von vielen Jahrhunderten entwickelt, ohne daß dabei eine autorisierte Institution mit verbindlichen Regelungen eingegriffen hätte. Vielmehr hat sich die Schreibung allmählich von Fall zu Fall – und das heißt: nicht immer systematisch – verfestigt. Zwar ist sie auch in solchen Bereichen keineswegs völlig willkürlich, es können aber jedenfalls keine Regeln im Sinne von verbindlichen Handlungsanweisungen angegeben werden. Das bedeutet, daß der Schreibende bei Unsicherheit nachschlagen muß – zum Beispiel in einem Wörterbuch. Aufgabe von Rechtschreibwörterbüchern ist es also unter anderem, Einzelfestlegungen aufzulisten. Beispiele für solche Einzelfestlegungen finden sich vor allem im Bereich »Laute und Buchstaben« (→23–39).

17 Während ihrer Arbeit an der Weiterentwicklung der deutschen Rechtschreibung waren die beteiligten Arbeitsgruppen bemüht, möglichst alle Bereiche der Rechtschreibung zu erfassen – also sowohl diejenigen, in denen verbindliche Regeln existieren (Ebene I), als auch diejenigen, wo die Schreibung einzelfallweise festgelegt ist (Ebene II). Ziel war dabei unter anderem, die Bereiche mit Einzelfestlegungen zu begrenzen, das heißt, möglichst viele Bereiche der Rechtschreibung mit verbindlichen und zugleich einfach handhabbaren Regeln abzudecken. Wo auf Einzelfestlegungen nicht verzichtet werden konnte, wurde versucht, wenigstens die vorhandenen Regularitäten übersichtlich darzustellen.

Wie die Dinge liegen, kann das Wort »Regel« nicht in jedem Fall als Regel im Sinne einer verbindlichen Handlungsanweisung aufgefaßt werden; in manchen Bereichen der Rechtschreibung (zum Beispiel bei der Laut-Buchstaben-Zuordnung und bei der Getrennt- und Zusammenschreibung) steht es eher für eine be-schreibende Regularität als für eine (verbindlich) vor-schreibende Regel. **18**

19 Wie die wesentlichen orthographischen Bereiche geregelt werden, läßt sich der folgenden Tabelle entnehmen:

Regelbereich	Ebene I: Regeln	Ebene II: Einzelfestlegungen
1. Laut-Buchstaben-Zuordnung	teilweise Regeln	teilweise Einzelfestlegungen
2. Groß- und Kleinschreibung	überwiegend Regeln	in einigen Teilbereichen Einzelfestlegungen
3. Getrennt- und Zusammenschreibung	teilweise Regeln	teilweise Einzelfestlegungen
4. Schreibung mit Bindestrich	nur Regeln	
5. Zeichensetzung	nur Regeln	
6. Worttrennung am Zeilenende	nur Regeln	

20 Wie schon angesprochen, deckt das Regelwerk nicht alle Bereiche der Rechtschreibung ab. Vieles, vor allem im Bereich der Laut-Buchstaben-Zuordnungen und teilweise auch in der Getrennt- und Zusammenschreibung, ist einzeln festgelegt worden, also nicht auf allgemeine und zugleich verbindliche Regeln zurückführbar. Eine neue amtliche Rechtschreibung hat also neben dem Regelwerk auch eine Auflistung der Einzelfestlegungen zu enthalten, das heißt ein amtliches Wörterverzeichnis.

Dieses amtliche Wörterverzeichnis kann und will die bisherigen Nachschlagewerke nicht ersetzen. Es bildet vielmehr die neue, verbindlich vorgegebene Grundlage, auf der – in Weiterführung bisheriger Arbeit – auf bestimmte Benutzerkreise zugeschnittene Rechtschreibbücher und Wörterbücher erstellt werden können. Dies gilt gerade auch für die Schule. Das amtliche Wörterverzeichnis enthält daher nur die im Zusammenhang mit der Rechtschreibung minimal notwendigen Informationen. So werden grundsätzlich keine Bedeutungsangaben aufgeführt (außer zur Unterscheidung gleichlautender Wörter, zum Beispiel: *Lied [Gesangsstück]* gegenüber *Lid [Augendeckel]*). Ferner enthält es keine Zusammensetzungen, außer wenn mit ihnen Probleme der Getrennt- und Zusammenschreibung oder der Groß- und Kleinschreibung verbunden sind.

Das Unbehagen an der deutschen Rechtschreibung

Das Unbehagen an der Rechtschreibung – es wird mit der Neuregelung sicherlich nicht gänzlich schwinden – hängt mit zwei Problemkreisen zusammen, die man in der Diskussion auseinanderhalten sollte: Zum einen geht es um die Rechtschreibung selbst, um das System der orthographischen Normen, zum anderen um den Umgang mit der Rechtschreibung (in Schule und Öffentlichkeit). Das sind zwei sehr verschiedene Dinge – und Lösungen für die unterschiedlichen Probleme ergeben sich nicht aus der gleichen Quelle. Die Rechtschreibreform kann nur den ersten Problembereich angehen; auch nach ihrer Einführung bleiben Aufgaben, solche, die mit dem zweiten zusammenhängen, Aufgaben vor allem für die Schule, aber auch für eine weitere Öffentlichkeit. Auch in Zukunft muß daran gearbeitet werden, zu einer vernünftigen Einschätzung der Rechtschreibung zu gelangen, sie als ein Mittel zur Erleichterung der schriftlichen Kommunikation zu betrachten und die Überbewertung von Rechtschreibfehlern abzubauen (→ 77–80).

Veränderungen durch die Neuregelung

22 Veränderungen in der Schreibung im Zusammenhang mit der Neuregelung ergeben sich in den folgenden Bereichen (wir handeln sie in dieser Reihenfolge ab; in Klammern die betreffenden Abschnitte):
- Laute und Buchstaben (→23–39)
- Groß- und Kleinschreibung (→40–58)
- Getrennt- und Zusammenschreibung, Schreibung mit Bindestrich (→59–66)
- Zeichensetzung (→67–71)
- Worttrennung am Zeilenende (→72–76).

1. Laute und Buchstaben

Grundsätzliches

23 Im Bereich »Laute und Buchstaben« geht es um das komplexe Problem der Beziehung zwischen Lauten und Buchstaben beim Schreiben in unserer Sprache: Laute können – wie in jeder Alphabetschrift – durch Buchstaben wiedergegeben werden, und umgekehrt können Buchstaben in Laute umgesetzt werden. Man spricht hier vom *Lautprinzip* der Schreibung. Im Idealfall entspricht dabei einem Laut (oder einer Lautverbindung) genau ein Buchstabe (oder eine Buchstabenverbindung).
Dieses Prinzip ist nun – wie wir wissen – im Deutschen nicht voll durchgehalten. So wird auf der einen Seite ein und derselbe Laut durch verschiedene Buchstaben oder Buchstabenverbindungen wiedergegeben, zum Beispiel der lang gesprochene Laut *a* durch den einfachen Buchstaben *a* oder durch die Buchstabenverbindungen *aa* und *ah (Tal, Saal, Zahl)*. Auf der ande-

ren Seite werden verschiedene Laute durch denselben Buchstaben bezeichnet, vgl. zum Beispiel die unterschiedlichen Laute, die der Buchstabe *s* in *springen* und *Wespe* signalisiert. Das hängt damit zusammen, daß unsere Schreibung sich historisch entwickelt hat und nicht zu einem bestimmten Zeitpunkt »von oben her« systematisch geregelt worden ist.

Bei der Arbeit an der Weiterentwicklung der deutschen Rechtschreibung ist man besonders in diesem Bereich auf eine Reihe von Problemen gestoßen. Sie haben ihren Grund darin, daß eine konsequente und systematische Durchsetzung des Lautprinzips zwar durchaus möglich wäre und auch eine deutliche Vereinfachung mit sich brächte, als Preis dafür wären aber erhebliche Eingriffe in das vertraute Schriftbild in Kauf zu nehmen. Dazu scheinen die meisten Menschen, vor allem die Lesenden, nicht bereit zu sein. 24

Das hängt wohl damit zusammen, daß wir nicht buchstabenweise lesen, sondern immer größere »Portionen« wahrnehmen, die wir den im Kopf gespeicherten Mustern zuordnen. Wenn nun eine Schreibung mit dem vertrauten Schriftbild nicht übereinstimmt, stockt das Lesen. Dies gilt bekanntermaßen für falsche Schreibungen (zum Beispiel *Tahl, Sal, Zaal*) – und es würde, zumindest in einer Übergangszeit, auch für neue Schreibungen gelten, selbst wenn sie »logisch« wären. Neue Schreibungen werden daher – jedenfalls zunächst – immer auf Widerstand stoßen. Bei der Reformarbeit war unter diesen Umständen sehr genau abzuwägen, wie weit man gehen durfte.

Die ausgearbeitete Neuregelung geht hier sehr vorsichtig zu Werke, berücksichtigt die genannten Schwierigkeiten und sieht Veränderungen nur im Zusammenhang mit einem zweiten wichtigen Prinzip der Wortschreibung, dem *Stammprinzip,* vor. Es geht hier um folgenden, nicht ganz leicht darzustellenden 25

Zusammenhang: Im Deutschen werden Wortstämme in der Schreibung möglichst wenig abgewandelt, anders gesagt: Die verschiedenen Erscheinungsformen eines Wortstamms sollen sich im Schriftbild möglichst wenig voneinander unterscheiden. So schreiben wir *ich trennte* mit zwei *n* oder *Ränder* mit einem *ä* – wegen des Zusammenhangs mit den Wortformen *trennen* und *Rand*. Nur nach der Aussprache der isolierten Wortformen wären auch *ich trente* oder *die Render* denkbar (vgl. die damit reimenden Wortformen *die Rente* und *der Spender*).

Nun gab es in der bisherigen Regelung Ausnahmen, wo das Stammprinzip – oft aus wenig einsehbaren Gründen – nicht befolgt wurde. Hierher gehören zum Beispiel Fälle wie: *überschwenglich* trotz *Überschwang, numerieren* trotz *Nummer, plazieren* trotz *Platz*. An solchen Stellen greift – im Sinne der Systematisierung der Schreibung von Varianten ein und desselben Stammes – die Neuregelung ein. Hingegen wird aus den oben dargelegten Gründen von Angleichungen zwischen unterschiedlichen Wortstämmen grundsätzlich Abstand genommen. Dementsprechend wird man also weiterhin einerseits *Tal, Qual* usw. mit einfachem *a*, dagegen *Aal, Saal* und *Zahl, Stahl* usw. mit Doppel-a oder aber mit der Buchstabenverbindung *ah* schreiben. Änderungen dieser Art sind nur in wenigen – eher peripheren – Fällen vorgesehen.

26 Konkret bedeutet das, daß die Neuregelung nur in den folgenden Bereichen Veränderungen bringt (in Klammern die Abschnitte, in denen auf den jeweiligen Bereich näher eingegangen wird):
– s-Schreibung *(s, ss, ß)* (→27)
– Zusammentreffen dreier gleicher Buchstaben (→28)
– Verdoppelung der Konsonantenbuchstaben nach kurzem Vokal (Einzelfälle) (→29)

- Umlautschreibung (Einzelfälle) (→30)
- Sonstige Einzelfälle (→31)
- Fremdwörter (nur besondere Fallgruppen) (→32–39).

Zur s-Schreibung

In Zukunft soll ß nur noch nach langem Vokal und nach Diphthong (Doppellaut) stehen.[1] Man schreibt also weiterhin: *das Maß – des Maßes; außen; gießen – er gießt*. Nach kurzem Vokal soll hingegen nur noch Doppel-s stehen (bisher stand hier je nach dem folgenden Buchstaben teils *ss,* teils *ß*). Man schreibt neu: *der Fluss, die Flüsse; es passt, passend; wässrig, wässerig* (bisher: *der Fluß,* aber *die Flüsse; es paßt,* aber *passend; wäßrig,* aber *wässerig*). Die Erleichterung, die mit dieser Lösung angestrebt wird, besteht darin, daß in mehr Fällen als bisher die Schreibung aus der Lautung abgeleitet werden kann: *das Floß – es floss; der Ruß – der Schluss; das Maß – das Fass.*   27

Zusammentreffen dreier gleicher Buchstaben

Wenn in Zusammensetzungen drei gleiche Buchstaben zusammentreffen, bleiben immer alle erhalten. Diese Regelung galt schon bisher, wenn drei gleichen Konsonantenbuchstaben ein weiterer Konsonantenbuchstabe folgte: *Schifffracht* (aus: *Schiff+Fracht*), *fetttriefend* (aus: *Fett+triefend*), außerdem allgemein in der Worttrennung am Zeilenende. In Zukunft werden nun auch dann alle drei Buchstaben geschrieben, wenn ein Vokalbuchstabe folgt: *Schifffahrt* (aus: *Schiff+Fahrt*), *Schritttempo* (aus: *Schritt+Tempo*), *wettturnen* (aus: *Wette+turnen*).   28

---

[1] In der Schweiz bleibt es bei der bisherigen Regelung, nach der ß nicht verwendet wird.

Entsprechendes gilt nun grundsätzlich auch, wenn drei Vokalbuchstaben zusammentreffen, zum Beispiel in *Seeelefant*. Zur Erleichterung des Lesens kann man freier als bisher den Bindestrich setzen (→66): *Sauerstoffflasche* oder *Sauerstoff-Flasche*, *Seeelefant* oder *See-Elefant*.

Diese Regelung wird selbstverständlich auch auf Zusammensetzungen mit Wörtern angewendet, die neu statt auf *ß* auf Doppel-s enden (→27): *Flussstrecke* (aus: *Fluss+Strecke*), *Flusssenke* (aus: *Fluss+Senke*).

Unverändert bleiben hingegen diejenigen Wörter, die schon in der bisherigen Regelung nicht mehr als Zusammensetzungen behandelt wurden und daher auch in der Trennung nur zwei Konsonantenbuchstaben hatten: *Mittag* (Trennung bisher und künftig: *Mit-tag*), *dennoch* (Trennung: *den-noch*).

Verdoppelung der Konsonantenbuchstaben nach kurzem Vokal

29 In einigen Einzelwörtern werden Konsonantenbuchstaben in Anlehnung an Flexionsformen oder an andere Wörter derselben Wortfamilie (Stammprinzip) neu doppelt geschrieben: *Ass* (wegen: *des Asses, die Asse*); *Karamell* (wegen: *Karamelle*), *Messner* (heute zu: *Messe*); *Mopp* (wegen: *moppen*); *nummerieren* (wegen: *Nummer*); *Tipp* (wegen: *tippen*); *Stepp[decke]* (wegen: *steppen*); *Tollpatsch* (heute zu: *toll*); *Zigarrette, Zigarrillo* (wegen: *Zigarre*). Entsprechendes gilt bei einigen wenigen Wörtern für die Schreibung mit *ck* und *tz*, z. B. *Stuckatur, Stuckateur* (wegen: *Stuck*) oder *platzieren* (wegen: *Platz*).

Umlautschreibung

In einigen Einzelwörtern wird entsprechend dem Stammprinzip und in Anlehnung an andere Wörter derselben Wortfamilie neu *ä* statt *e* geschrieben: *Bändel* (wegen: *Band*); *behände* (wegen: *Hand*); *belämmert* (heute zu: *Lamm*); *Quäntchen* (heute zu: *Quantum*); *schnäuzen* (heute zu: *Schnäuzchen, Schnauze*); *Stängel* (wegen: *Stange*); *Gämse* (wegen: *Gams*); *überschwänglich* (wegen: *Überschwang*); *verbläuen* (heute zu: *blau*).

Sonstige Einzelfälle

Darüber hinaus wird die Schreibung einiger weniger weiterer Wörter den allgemeinen Regularitäten der Laut-Buchstaben-Zuordnung angepaßt: *rau* (wie alle Adjektive auf *-au: blau, grau, genau, schlau;* entsprechend nun regulär mit nur einem *h: Rauheit*); *Känguru* (vgl. andere fremde Tierbezeichnungen wie: *Kakadu, Gnu*); *Fede, Lede, Lode* (diese seltenen Wörter waren bisher Ausnahmen, da das Dehnungs-h sonst nie vor *d* auftritt; *Fehde, Lehde, Lohde*); *Föhn* (auch in der Bedeutung »Heißlufttrockner«).
Bei *Rohheit* und *Zähheit* (bisher: *Roheit, Zäheit*) soll das Dehnungs-h vor *-heit* nicht mehr fallen; als Ausnahme verbleibt allerdings *Hoheit* (Schreibung wie bisher).
Neue Schreibungen sind ferner: *Zierrat* (bisher: *Zierat*); *selbstständig* (bisher: *selbständig*); *Frefel* (bisher: *Frevel*); *Albtraum, Albdrücken* usw. (bisher: *Alptraum, Alpdrücken* usw.)

Fremdwörter

Bei der »Fremdwortschreibung« handelt es sich im wesentlichen um ein Spezialgebiet innerhalb des größeren Bereichs der »Laut-Buchstaben-Beziehungen« (wobei hier im Auge zu

behalten ist, daß die nachfolgenden Bemerkungen nur den Allgemeinwortschatz, nicht Fremdwörter aus Fachsprachen betreffen). Grundsätzlich geht es hier um folgendes: Wenn ein Wort (oder ein Wortstamm) aus einer anderen Sprache ins Deutsche übernommen wird, erscheint es normalerweise zunächst in der fremden Schreibung (zum Beispiel *Photographie*). In dem Maße, in dem der Eindruck der Fremdheit schwindet, neigt die Schreibgemeinschaft dazu, das fremde Wort wie ein einheimisches zu behandeln und entsprechend zu schreiben (zum Beispiel *Fotografie*). So entstehen durch den Wandel im Schreibgebrauch für die Schreibung bestimmter Wörter und Wortgruppen Varianten *(Photographie* neben *Fotografie).* Im weiteren Verlauf kann das dazu führen, daß nur noch die eingedeutschte Form üblich ist (so finden sich zum Beispiel im Wörterverzeichnis von 1902 nebeneinander *Coulisse* und *Kulisse,* heute nur noch *Kulisse*). Andere Wörter wiederum – vorwiegend Entlehnungen aus dem Griechischen – werden von diesem Wandel nicht erfaßt (zum Beispiel *Philosophie, Theater, Rhetorik*).
Diese Prozesse in ihren Entwicklungsstufen und in ihren Regularitäten zu erfassen und zu steuern ist nicht leicht. Unter diesen Umständen will die Neuregelung zwei eng miteinander zusammenhängenden Grundsätzen folgen:
1. Die Anpassung an die deutsche Schreibung wird in Bereichen, wo sie bereits angebahnt ist, vorsichtig gefördert.
2. Diese Förderung wird im Sinne einer »gezielten Variantenführung« vorgenommen: In den zukünftigen (orthographischen) Wörterbüchern erscheint die traditionelle Schreibweise – zum Beispiel *Asphalt* – als Haupteintrag, die neue, eingedeutschte Schreibung – zum Beispiel *Asfalt* – als Nebeneintrag. Wer unter *Asfalt* nachschlägt, findet diese Schreibung verzeichnet, weiß also, daß er grundsätzlich korrekt schreibt. Gleichzeitig wird er aber auf die traditionelle Schreibung

Asphalt verwiesen. Auf den umgekehrten Verweis von der Hauptform *Asphalt* auf die Nebenform *Asfalt* wird hingegen verzichtet. Genauso wird auch mit weiteren Fremdwörtern verfahren. Wenn sich im Laufe der Zeit eine eindeutschende Schreibung beim überwiegenden Teil der Schreibenden durchgesetzt hat, kann die Variantenführung umgekehrt ausgerichtet werden, könnte also beispielsweise *Asfalt* zum Haupteintrag werden, ohne daß *Asphalt* deswegen von einem Tag auf den anderen falsch würde. Schließlich könnte auf die fremde Schreibung ganz verzichtet werden.

ph, th, rh → f, t, r

Die Verbindung *ph* kann in allgemeinsprachlichen Wörtern mit den Stämmen *phon, phot, graph* durch *f* ersetzt werden, z. B. *Mikrofon, Fotokopie, Grafiker.* Die Schreibung mit *f* soll außerdem neu auch in einigen häufig gebrauchten Wörtern möglich sein, z. B. *Asfalt (Asphalt), Delfin (Delphin), fantastisch (phantastisch).* **33**

Entsprechend können in einigen häufig gebrauchten Wörtern die Buchstabenverbindungen *rh, th, gh* durch *r, t, g* ersetzt werden (in Klammern die weiterhin zulässige bisherige Schreibung): *Reuma (Rheuma), Tron (Thron), Tunfisch (Thunfisch), Panter (Panther), Getto* (schon heute möglich neben: *Ghetto*), *Jogurt (Joghurt).* **34**

é, ée → ee

Auch hier gilt, daß die in Klammern gesetzte, bisherige Schreibung weiterhin möglich ist: *Frottee (Frotté), Dublee (Doublé), Exposee (Exposé), Dragee (Dragée), Kommunikee (Kommuniqué), Varietee (Varieté).* **35** *ies → ys*

36 Bei Wörtern aus dem Englischen, die auf *-y* ausgehen, wird das Mehrzahl-s in der Regel nach deutschem Muster angehängt: *die Babys, die Hobbys, die Gullys* (nicht: *die Babies* usw.).

tial, tiell → zial, ziell

37 Wenn es verwandte Wörter mit *-z* im Auslaut gibt, soll auch die z-Schreibung erlaubt sein: *Potenzial, potenziell* (wegen: *Potenz;* daneben weiterhin: *Potential, potentiell*), *substanziell* (wegen *Substanz;* daneben weiterhin: *substantiell*); vgl. schon bisher: *finanziell* (wegen: *Finanz*).

38 Daneben werden auch einige Einzelfälle neu festgelegt. So wird z. B. zukünftig auch die Schreibung *Portmonee* (als Variante neben bisherigem: *Portemonnaie*) möglich sein.

39 Wichtig ist bei all dem: Die Neuregelung (im Sinne einer »gezielten Variantenführung«) will mehr Fremdwörter als bisher in das Deutsche integrieren und damit das Schreiben ein wenig erleichtern.

2. Groß- und Kleinschreibung

40 Probleme der Groß- und Kleinschreibung haben in der Diskussion um eine Neuregelung der deutschen Rechtschreibung bekanntlich immer wieder eine besondere Rolle gespielt. Dabei muß man verschiedene Dinge auseinanderhalten; Großschreibung gilt nämlich im Deutschen heute in vier Bereichen, die sehr unterschiedlich strittig sind:

- am Satzanfang (→41)
- bei der höflichen Anrede (→42)
- bei Eigennamen (→43–46)
- bei Substantiven und Substantivierungen (→47–58).

Die Großschreibung am Satzanfang

Wenn auf einen Doppelpunkt ein neuer, ganzer Satz folgt, wird **41** nicht mehr wie bisher zwischen »Ankündigung« einerseits und »Zusammenfassung/Folgerung« andererseits unterschieden. Es wird immer groß fortgefahren, zum Beispiel: *Zufrieden schaute er in den Garten: Alles wuchs und gedieh.* Wenn auf einen Doppelpunkt eine direkte Rede folgt, schreibt man wie bisher groß: *Zufrieden sagte sie: »Alles wächst und gedeiht!«*

Die Höflichkeitsgroßschreibung

Bei Pronomen, die für Personen stehen, welche man duzt **42** (= 2. Person Einzahl und Mehrzahl), mußte man bisher unterscheiden: In Briefen und briefähnlichen Texten schrieb man groß, sonst klein. Damit war zum einen eine erhebliche Unsicherheitszone geschaffen. Gehören beispielsweise Anweisungen in Schulbüchern zu den briefähnlichen Texten oder nicht? Zum andern ist die Großschreibung gar nicht angemessen: Duzt man jemanden, so besteht kein Anlaß, durch Großschreibung besondere Ehrerbietung zu bezeugen. Neu schreibt man daher nur noch klein: Lieber Ernst, herzlichen Dank für *dein* Foto, auf dem *du* und *deine* Schwester zusammen mit *euren* Kollegen abgebildet seid ...

Groß bleibt die höfliche Anrede: Sehr geehrte Frau Müller, wie *Sie* gehört haben, offerieren wir *Ihnen* und *Ihren* Angehörigen ...

Die Großschreibung der Eigennamen

43 Im Bereich der Eigennamen bleibt es bei der grundsätzlichen Großschreibung. Problematisch sind hier drei Fälle:

- mehrteilige Eigennamen mit Adjektiven (→44)
- mehrteilige feste Begriffe mit Adjektiven (→45)
- von Eigennamen abgeleitete Adjektive (→46).

44 *Einfache Eigennamen* sind – grammatisch gesehen – Substantive; die Eigennamengroßschreibung wird hier also immer zugleich auch von der Großschreibung der Substantive abgedeckt. Probleme haben sich hier in der Praxis daher kaum je gestellt. *Mehrteilige Eigennamen* hingegen können auch Wörter anderer Wortarten – hauptsächlich Adjektive – enthalten, die ebenfalls der Eigennamengroßschreibung unterliegen, zum Beispiel: *der Schiefe Turm von Pisa, der Nahe Osten, die Schweizerischen Bundesbahnen.* Bei Fügungen mit Adjektiven ist es daher wichtig, zu wissen, was überhaupt als Eigenname anzusehen ist. Da es keine befriedigende *allgemeine* Definition des Eigennamens gibt, kann man als Ergänzung zur eigentlichen Regel nur die hauptsächlichsten Typen von Eigennamen in einer geordneten Liste aufführen.

45 Oft mit den Eigennamen vermengt (und dann der Großschreibung unterworfen) wurden in der Vergangenheit *feste Begriffe aus Adjektiv und Substantiv.* Feste Begriffe sind keine Eigennamen im strengen Sinn, sie bezeichnen vielmehr Klassen von Dingen, Personen oder auch Handlungen. Im Lauf der Zeit ist hier ein gewisses Durcheinander entstanden. So fanden sich in der alten Schreibung nebeneinander: *die schwarze Liste* und *das Schwarze Brett; die schwarze Messe* und *die Schwarze Magie; der erste Spatenstich* und *die Erste Hilfe.* Hier wird zukünftig grundsätzlich der Kleinschreibung der Vorzug gegeben.

Großschreibung gilt nur noch in vier Bereichen, in denen schon bisher praktisch durchgängig Großschreibung gegolten hat:
- Titel wie *Königliche Hoheit, Erster Bürgermeister*
- Arten, Unterarten oder Rassen in der Biologie wie *Rauhaarige Alpenrose, Roter Milan*
- besondere Kalendertage wie *Heiliger Abend, Weißer Sonntag*
- historische Ereignisse wie *der Westfälische Frieden, der Deutsch-Französische Krieg.*

Den dritten Problembereich bildet die Schreibung der Ableitungen von Personennamen auf *-isch* oder *-sch*. Hier mußte man bisher zwischen persönlicher Leistung oder Zugehörigkeit und sekundärer Benennung unterscheiden: *das Viktorianische Zeitalter* (das Zeitalter Viktorias), aber *der viktorianische Stil*, das *Ohmsche Gesetz* (von Ohm selbst gefunden), aber *der ohmsche Widerstand* (nur nach Ohm benannt). **46**

In Zukunft werden nun diese (adjektivischen) Ableitungen wie alle übrigen auf *-isch* und *-sch* grundsätzlich klein geschrieben. Nur wenn der Eigenname zur Hervorhebung durch den Apostroph abgetrennt wird und damit als etwas Eigenständiges in Erscheinung tritt, wird groß geschrieben. Die Schreibung ist also rein formal geregelt und daher leicht zu lernen: *das ohmsche Gesetz, der ohmsche Widerstand* (oder: *das Ohm'sche Gesetz, der Ohm'sche Widerstand*). – Selbstverständlich gilt weiterhin Großschreibung, wenn die Fügung aus Adjektiv und Substantiv *als Ganzes* ein Eigenname ist (→44–45): *die Meyersche* (oder *Meyer'sche*) *Verlagsbuchhandlung, die Schweizerischen Bundesbahnen.*

Die Großschreibung der Substantive

47 Am heftigsten umstritten in der Reformdiskussion war die Großschreibung der Substantive. Die Kennzeichnung einer Wortart durch Großbuchstaben – eine Eigenheit der deutschen Orthographie – bereitet, wie allgemein bekannt ist, vielen Schreibenden große Schwierigkeiten, da die Grenzen zwischen den Wortarten nicht fest sind: Substantive können in andere Wortarten übergehen (z. B. *abends* als Adverb oder *dank* als Präposition), andere Wortarten ihrerseits können wie Substantive gebraucht werden (z. B. *das Heute, das Schöne* oder *das Laufen*).

Da einerseits an der bisherigen Regelung mit all ihren Ausnahmen und Schwierigkeiten niemand festhalten wollte und andererseits die Vorschläge für die Kleinschreibung der Substantive (»gemäßigte Kleinschreibung«) keine Zustimmung der offiziellen Stellen fanden, sieht die neue Regelung der deutschen Rechtschreibung eine modifizierte Großschreibung vor. Im Gegensatz zu einer generellen Kleinschreibung der Substantive, die das Erlernen der Rechtschreibung und das Schreiben wesentlich vereinfacht hätte, bringt die modifizierte Großschreibung nur einige wenige Vereinfachungen. Sie hat dafür aber den Vorteil, daß sie das vertraute Schriftbild nicht gravierend verändert und daß sie keine neuen Probleme bei der Großschreibung der Eigennamen bringt, weil sie diese mit abdeckt. Außerdem spricht für sie, daß die Großschreibung der Substantive für geübte Leser nach Auffassung einiger Experten Vorteile beim Lesen bietet, indem sie die schnelle Erfassung der Satzstruktur erleichtert. Allerdings stellt sich hier die Frage, ob dieser Nutzen den – auch nach den Vereinfachungen – nach wie vor bestehenden großen Aufwand bei der Erlernung und Anwendung rechtfertigt.

Die modifizierte Großschreibung zielt vor allem darauf ab, die Schwierigkeiten bei der Abgrenzung von substantivischem und nichtsubstantivischem Gebrauch zu verringern. Sie richtet die Schreibung stärker nach formalen Kriterien (z. B. Gebrauch in Verbindung mit dem Artikel) aus: *der Einzelne; im Dunkeln tappen; um ein Beträchtliches; es ist das Beste, wenn wir jetzt gehen.* Damit wird eine Reihe von Problemfällen beseitigt, die auch geübte Schreiber nie ganz in den Griff bekommen haben. Bemerkenswerterweise handelt es sich dabei hauptsächlich um Fälle der Kleinschreibung, so daß sich durch die Vereinfachungen im Rahmen der modifizierten Großschreibung die Zahl der groß geschriebenen Wörter weiter vermehrt.

48 Das Regelwerk der modifizierten Großschreibung sieht Änderungen in den folgenden Bereichen vor:
- Substantive in festen Verbindungen (→49)
- gestern, heute, morgen + Tageszeit (→50)
- Adjektiv: unbestimmte Zahladjektive (→51)
- Adjektiv: Ordnungszahlen (→52)
- Adjektiv: Superlative (→53)
- Adjektiv: feste Wendungen mit Verben (→54)
- Adjektiv: sonstige feste Wendungen (→55)
- Adjektiv: Farb- und Sprachbezeichnungen (→56)
- Adjektiv: Paarformeln (→57)
- Einzelfälle (→58).

49 Bei *Substantiven in festen Verbindungen* richtet sich die Schreibung konsequenter als bisher nach dem Grundsatz: bei Getrenntschreibung groß (→63). Typische Beispiele sind hier (in Klammern: Varianten mit Zusammenschreibung): *in Bezug auf, mit Bezug auf; zu Gunsten (zugunsten), zu Lasten (zulasten); Auto fahren, Rad fahren; Schlange stehen, Kopf stehen; Gefahr* *laufen, Schlittschuh laufen, Eis laufen; in Frage stellen (infrage stellen); außer Acht lassen, in Acht nehmen; Angst haben, Angst machen; Recht sprechen, Recht haben.*

50 Tageszeiten nach den Adverbien *vorgestern, gestern, heute, morgen, übermorgen* werden groß geschrieben, z. B. *heute Morgen, gestern Abend.*

51 Adjektive, die inhaltlich Indefinitpronomen nahekommen (= unbestimmte Zahladjektive), wurden bisher klein geschrieben. Das Problem dabei war, daß nicht immer sicher zu klären ist, ob ein Adjektiv wirklich die Bedeutung eines Zahlwortes hat oder nicht. In der Folge haben sich im Bemühen, die Zahl der Zweifelsfälle möglichst gering zu halten, zahlreiche Festlegungen eingebürgert, die kaum mehr nachvollziehbar waren. So galt Kleinschreibung in *alles übrige*, aber Großschreibung in *alles Weitere*. Das neue Regelwerk sieht Kleinschreibung nur noch für vier häufig gebrauchte Wörter vor: *viel, wenig, ein, ander* (mit allen ihren Flexionsformen). Beispiele: *Das haben schon viele erlebt. Die wahren Hintergründe waren nur wenigen bekannt. Die meisten haben diesen Film schon einmal gesehen. Die einen kommen, die anderen gehen. Sie hatte noch anderes zu tun. Unter anderem wurde auch über finanzielle Angelegenheiten gesprochen.* Aber auch bei diesen Wörtern kann groß geschrieben werden, wenn hervorgehoben werden soll, daß das Adjektiv nicht als unbestimmtes Zahlwort zu verstehen ist: *Sie strebte etwas ganz Anderes (= ganz Andersartiges) an.*
Bei Adjektiven mit demonstrativer Bedeutung wird nach der Grundregel für substantivierte Adjektive nur noch groß geschrieben (siehe aber →54): *Sie sagte das Gleiche. Wir haben Derartiges noch nie erlebt. Merke dir Folgendes: ...*

Ordnungszahlen sind Adjektive. Wenn sie substantiviert gebraucht waren, mußte bisher ein subtiler Unterschied beachtet werden: Wenn sie eine bloße Reihenfolge ausdrückten, waren sie klein, sonst groß zu schreiben. Diese Regel galt auch für die verwandten Adjektive *nächst* und *letzt: Sie fuhr als erste/als letzte* (= zuerst/zuletzt) *ins Ziel. Sie fuhr als Erste/als Letzte* (= als Siegerin/als Verliererin) *durchs Ziel*. Die neue Regelung verzichtet auf subtile inhaltliche Differenzierungen und sieht grundsätzlich in Übereinstimmung mit der Grundregel für substantivierte Adjektive Großschreibung vor.

52

Weiterhin klein geschrieben werden Superlative mit *am*, nach denen man mit *wie*? fragen kann. Sie bilden eine reguläre Formenreihe mit anderen klein zu schreibenden Komparationsformen (Steigerungsformen): Sie schreibt *genau – genauer – am genauesten*. Der Löwe brüllte *laut – lauter – am lautesten*. Dieser Turm ist *hoch – höher – am höchsten*. Sonst gilt die Grundregel für nominalisierte Adjektive: Das ist *das Beste,* was du tun kannst. Es ist *das Beste,* wenn du jetzt gehst. Er gab wieder einen Witz *zum Besten*. Wir haben uns *aufs Beste* unterhalten.

53

Substantivierte Adjektive mußten nach der bisherigen Regelung klein geschrieben werden, wenn sie Teil einer festen Wendung mit einem Verb waren, deren Gesamtbedeutung nicht ohne weiteres aus ihren Einzelwörtern abgeleitet werden konnte. Das neue Regelwerk sieht hier nur noch Großschreibung vor. Beispiele: *das Weite suchen; zum Guten wenden; zum Besten geben; es ist das Richtige, wenn ...; auf dem Trockenen sitzen; im Dunkeln tappen; nicht das Geringste verraten.*

54

Eine ähnliche Regelung galt bisher auch für freier verwendbare feste Wendungen. Das neue Regelwerk sieht auch hier grundsätzlich Großschreibung vor: *Diese Orchideen blühen im Verborgenen. Die Pfadfinderinnen übernachteten im Freien. Das*

55

andere Gebäude war um ein Beträchtliches höher. Wir sind uns im Wesentlichen einig. Daran haben wir nicht im Entferntesten gedacht. Sie hat mir die Sache des Näheren erläutert. Wir haben alles des Langen und Breiten diskutiert.

Lediglich bei einigen festen adverbialen Wendungen aus bloßer Präposition und Adjektiv (also ohne Artikel, auch ohne verschmolzenen Artikel) wird weiterhin klein geschrieben: *von nahem* (wie: *von nah*), *seit langem* (wie: *seit immer*).

56 Farb- und Sprachbezeichnungen haben teils den Charakter von Substantiven, teils den von Adjektiven: *Ihr Französisch hat einen deutschen Akzent. Sie las den Vertrag französisch vor.* Problematisch waren hier einige enge Verbindungen mit Präpositionen, bei denen nicht immer klar war, ob die Farb- und Sprachbezeichnungen als Substantive oder als Adjektive anzusehen sind. Die neue Regelung stellt die substantivische Interpretation heraus und sieht grundsätzlich Großschreibung vor: *Die Ampel schaltet auf Rot. Wir liefern das Gerät in Grau oder Schwarz. In Ostafrika verständigt man sich am besten auf Swahili oder auf Englisch.*

57 Paarformeln mit nichtdeklinierten Adjektiven zur Bezeichnung von Personen werden neu einheitlich groß geschrieben: *Das ist ein Fest für Jung und Alt. Vor dem Gesetz sind Arm und Reich gleich. Hoch und Niedrig strömten herbei. Gleich und Gleich gesellt sich gern.*

58 Im Zusammenhang mit der Neufassung des Regelwerks sind auch einige Einzelfälle neu festgelegt worden. Diese passen nun besser in die allgemeine Systematik der Groß- und Kleinschreibung, z. B. *rechtens sein; an Kindes statt; im Nachhinein, im Voraus.*

3. Getrennt- und Zusammenschreibung, Schreibung mit Bindestrich

Getrennt- und Zusammenschreibung

Die Getrennt- und Zusammenschreibung der Wörter ist in der Geschichte der deutschen Rechtschreibregelung nie amtlich festgelegt worden. Damit war in diesem Bereich ein Raum relativer Freiheit gegeben. In diesem Raum konnten Zweifelsfälle an verschiedenen Stellen auftreten, so beispielsweise, wenn man ein bereits zusammengesetztes Adverb mit einem Verb verband *(auseinandertreten* oder *auseinander treten; über das Bisherige hinausgehen* oder *über das Bisherige hinaus gehen).* Zweifelsfälle gab es auch, wenn man ein Substantiv in engen Zusammenhang mit einem Verb stellen wollte und ihm damit den Charakter eines bloßen Wortteils verlieh (zum Beispiel *Dank sagen / danksagen; Maß halten / maßhalten*). Für manche Schreibende hatten und haben solche Verbindungen bei Zusammenschreibung einen etwas anderen Wert als bei Getrenntschreibung; oft wurde freilich auch rein zufällig einmal die Zusammenschreibung, ein anderes Mal die Getrenntschreibung gewählt. 59

Die hier bestehende Freiheit wurde von manchen als Unsicherheit erlebt, nicht zuletzt im kaufmännischen Schriftverkehr und im graphischen Gewerbe. Das führte schon in den ersten Jahrzehnten nach der staatlichen Regelung der deutschen Rechtschreibung von 1902 zu Anfragen beim Duden und zu Forderungen nach verbindlicher Regelung. Die Folge waren zunächst auf Einzelfälle bezogene (und damit notwendig unsystematisch bleibende) Festlegungen im orthographischen Wörterbuch. Daran schlossen sich Beschreibungen von Regelhaftigkeiten in der Zusammen- und Getrenntschreibung an.

Aufs Ganze gesehen hat die Regelung, die sich dabei ergeben hat, zu recht unübersichtlichen Verhältnissen geführt. Das liegt vor allem daran, daß man nicht selten versucht hat, unterschiedliche Bedeutung von Verbindungen durch unterschiedliche Schreibung auszudrücken. So mußte man zum Beispiel »wörtlichen« und »übertragenen« Gebrauch auseinanderhalten in Fällen wie: *Sie kann in diesem Schuh gut gehen. – Der Kranken soll es inzwischen gutgehen.* Oder: *Die Besucher sind stehen geblieben (= standen weiterhin). – Die Besucher sind stehengeblieben (= haben einen Halt gemacht).* Dabei ist diese Schreibdifferenzierung ohnedies nur auf die Fälle beschränkt, in denen die einzelnen Bestandteile direkt nebeneinander stehen; bei veränderter Wortstellung geht sie verloren: *Sie geht in diesem Schuh gut. – Der Kranken geht es inzwischen gut.* Schließlich liegt eine große Komplikation nicht allein darin, daß derartige Bedeutungsunterschiede sehr verschieden deutlich sind, sondern auch darin, daß die Regelung nicht systematisch alle Fälle von Bedeutungsunterschieden betraf, vielmehr nur Einzelfälle.

60 Die Neuregelung stellt hier zwei Prinzipien in den Vordergrund. Einmal wird in Zukunft darauf verzichtet, Bedeutungsunterschiede wie die oben gezeigten durch unterschiedliche Schreibung anzuzeigen, wenn sie nicht zusätzlich durch weitere Merkmale (zum Beispiel deutlich andere Betonung in der gesprochenen Sprache) unterstützt werden. Normalerweise ergeben sich dadurch bei einem Text ja keine Verstehensprobleme. Zum andern wird – wenn irgend möglich – der Getrenntschreibung der Vorzug gegeben, da auf diese Weise die einzelnen Bestandteile eines Textstückes graphisch deutlicher kenntlich gemacht werden, was das Lesen erheblich erleichtert. Man hat sich dabei unter anderem an die folgenden Grundsätze gehal-

ten (für weitere Einzelheiten muß man das Regelwerk oder das Wörterbuch konsultieren):
- Getrenntschreibung gilt als Normalfall (→61)
- Zusammenschreibung ist an formalgrammatische Kriterien gebunden (→62)
- Bei Fehlen von formalgrammatischen Kriterien kann die Zusammenschreibung auch über geordnete Listen geregelt werden (→63).

Grundsatz 1: Getrenntschreibung gilt als Normalfall, ausdrücklich geregelt werden muß nur die Zusammenschreibung. So braucht es keine besondere Regel für Verbindungen mit Verben und Adjektiven, bei denen der erste Bestandteil erweitert ist. Hier wird – wie bisher – automatisch getrennt geschrieben, da von den im Regelwerk genannten Kriterien für Zusammenschreibung keines zutrifft: *in die Irre führen, viele Jahre alt.* Hingegen muß die Zusammenschreibung der entsprechenden nicht erweiterten Fügungen aus dem Regelwerk abgeleitet werden können: *irreführen, jahrealt.* **61**

Grundsatz 2: Als Kriterien für Zusammenschreibung werden möglichst *formal-grammatische Eigenschaften* gewählt, die mit Hilfe von Proben überprüft werden können, zum Beispiel fehlende Erweiterbarkeit oder fehlende Steigerungsmöglichkeit. Dies gilt zum Beispiel für *bloßstellen, hochrechnen* und *wahrsagen,* die (wie bisher) zusammengeschrieben werden. Da sich für Verbindungen aus Verb (Infinitiv) und Verb keine solchen Kriterien anführen lassen, werden sie nur noch getrennt geschrieben: *kennen lernen, spazieren gehen, bestehen bleiben, sitzen bleiben* (in allen Bedeutungen). **62**

Grundsatz 3: Wenn trotz Fehlens eindeutiger Kriterien zusammengeschrieben werden soll, besteht die Möglichkeit, die einschlägigen Fälle mit Zusammenschreibung in *geschlossenen* **63**

Listen aufzuzählen. Diese Lösung ist für diejenigen Adverbien gewählt worden, die (weiterhin) mit Verben zusammengeschrieben werden sollen, zum Beispiel *ab, auf, aus, heraus, voraus: absuchen, aufstellen, herauskommen, voraussehen.* Alle Adverbien, die nicht in der Liste genannt sind, schreibt man getrennt: *abhanden kommen, auseinander bringen, überhand nehmen.*

Entsprechendes gilt für Verbindungen aus Substantiv und Verb. Zusammenschreibung soll hier nur noch für einige wenige Fälle gelten: *haushalten, heimgehen* (und weitere Verbindungen mit *heim-*), *irreführen, irreleiten, preisgeben, standhalten, stattfinden, stattgeben, statthaben, teilhaben, teilnehmen, wundernehmen.* In allen übrigen Fällen wird getrennt geschrieben. Dies galt schon bisher für Verbindungen wie: *Fuß fassen, Posten stehen, Schlange stehen, Maschine schreiben, Klavier spielen, Auto fahren, Ski laufen, Gefahr laufen.* Getrenntschreibung wird neu auch vorgesehen für Verbindungen wie: *Kopf stehen, Rad fahren, Maß halten, Not tun, Eis laufen.*

Über Listen ist auch die Schreibung von Präpositionalgefügen geregelt, die als Ganzes einer einfachen Präposition, einem Adverb oder einem Verbzusatz nahekommen. Dabei kann man aber häufig zwischen Getrenntschreibung (und dann auch Großschreibung des Substantivs) und Zusammenschreibung wählen. Beispiele (Zusammenschreibung in Klammern): *an Stelle von (anstelle von), auf Grund von (aufgrund von), zu Gunsten von (zugunsten von), zu Lasten von (zulasten von); außer Stande sein (außerstande sein), in Frage stellen (infrage stellen).*

Schreibung mit Bindestrich

64 In den Zusammenhang der Getrennt- und Zusammenschreibung gehört auch die Möglichkeit der Schreibung mit dem

Bindestrich. Hier kann man zwei Teilbereiche voneinander unterscheiden: Im einen ist der Bindestrich obligatorisch (→65), im anderen ein fakultatives stilistisches Mittel (→66).

65 Es gibt einerseits Fälle wie zum Beispiel *O-Beine, x-beliebig, UKW-Sender,* in denen der Bindestrich zur Verdeutlichung der recht unterschiedlichen Bestandteile gesetzt werden *muß*. Die Neuregelung sieht in diesem Bereich nur eine Änderung vor: In Ziffern (Zahlzeichen) geschriebene Zahlen sollen bei allen Zusammensetzungen vom Rest des Wortes abgesetzt werden: *der 8-Pfünder, der 27-Tonner; 375-seitig, 99-prozentig, 37-jährig, der 37-Jährige* (bisher: *der 8pfünder, 375seitig* usw., aber *die 8-Kilogramm-Packung*). Suffixe werden weiterhin ohne Bindestrich angeschlossen: *der 68er*. (Hingegen werden solche Verbindungen selbstverständlich als Ganzes mit einem Bindestrich an einen folgenden Wortteil angeschlossen: *eine 25er-Gruppe*.)

66 Andererseits ist der Bindestrich ein eher unter stilistischem Aspekt zu verwendendes Zeichen: Der Schreibende kann damit, wo er es will, vor allem aber in mehrgliedrigen Zusammensetzungen, den Aufbau eines komplexen Wortes deutlich markieren (zum Beispiel: *Blumentopf-Erde* statt *Blumentopferde*). Die Neuregelung will hier mit einigen Kann-Regeln mehr Entscheidungsspielraum für den Schreibenden anbieten als bisher. So ist beim Zusammentreffen dreier gleicher Vokalbuchstaben der Bindestrich zwar weiterhin zulässig (und oft auch sehr sinnvoll), aber nicht mehr obligatorisch (→28): *See-Enge (Seeenge), Kaffee-Ersatz (Kaffeeersatz)*. Andererseits kann, um die Lesbarkeit zu erleichtern, auch beim Zusammentreffen dreier gleicher Konsonantenbuchstaben der Bindestrich gesetzt werden: *Sauerstoff-Flasche*.

4. Zeichensetzung

67 Die heute gültigen Interpunktionsregeln des Deutschen, insbesondere die Kommaregeln, haben den Ruf, äußerst kompliziert zu sein. Vieles von diesem schlechten Ruf hat allerdings nicht in erster Linie damit zu tun, daß die Zeichensetzungsregeln völlig willkürlich wären. Der Grund liegt vielmehr zu einem guten Teil darin, daß es schwierig ist, diese Regeln verständlich zu formulieren und angemessen zu präsentieren. Bei der Arbeit an der Neuregelung hat man daher besonderen Wert darauf gelegt, das Regelwerk der Zeichensetzung durchsichtiger und verständlicher zu formulieren.

Darüber hinaus bringt die Neuregelung auch einige sachliche Änderungen. Diese betreffen einmal das Komma bei »und« und »oder«, dann das Komma bei Infinitiv- und Partizipgruppen und schließlich die Kombination der Anführungszeichen mit anderen Satzzeichen. In diesen Bereichen zielt die Neuregelung darauf ab, die bisherigen Regeln zu vereinfachen und vor allem auch – wo sinnvoll – dem Schreibenden etwas mehr Freiheit zu gewähren. Insgesamt greift jedoch die Neuregelung in die alte Ordnung nur sehr behutsam ein.

Das Komma bei »und«

68 Entgegen der schon bisher sehr weit reichenden Grundregel, daß vor *und, oder* und verwandten Konjunktionen kein Komma zu setzen ist, war zwischen Hauptsätzen, die durch diese Konjunktionen verbunden werden, bislang ein Komma grundsätzlich vorgeschrieben: *Hanna liest ein Buch, und Robert löst ein Kreuzworträtsel.* Da diese Regel aber offensichtlich dem Sprachgefühl und dem Sprachgebrauch vieler, auch erfahrener

Schreiber widerspricht, ist davon schon in der Vergangenheit häufiger abgewichen worden. Die Neuregelung will den Schreibenden an dieser Stelle entgegenkommen und das Komma zwar nicht abschaffen, aber doch weitgehend freigeben. Genauer: Grundsätzlich wird vor *und, oder* und verwandten Konjunktionen kein Komma gesetzt. Der Schreiber *kann* aber – in Übereinstimmung mit den bisherigen Regeln, die also nicht einfach plötzlich falsch sind – gleichwohl ein Komma setzen, etwa um die Gliederung des Satzes deutlich zu machen oder um Fehllesungen vorzubeugen. Das folgende Beispiel steht für den auch ohne Kommas problemlos lesbaren Normalfall: *Hanna liest in einem Buch und Robert löst ein Kreuzworträtsel.* Hingegen dürfte es im folgenden Satz sinnvoll sein, seine Gliederung in zwei Teilsätze mit einem Komma zu kennzeichnen: *Wir warten auf euch, oder die Kinder gehen schon voraus.* (Schwerer lesbar: *Wir warten auf euch oder die Kinder gehen schon voraus.*)

Infinitiv- und Partizipgruppen

Die bisher geltenden Kommaregeln in diesem Bereich sind in der Tat äußerst kompliziert und teilweise auch willkürlich, wie sich leicht zeigen läßt. Eine an sich einfache Regel besagt: Ein erweiterter Infinitiv wird durch ein Komma abgetrennt, ein einfacher nicht. Also mit Komma: *Sie hatte geplant, ins Kino zu gehen.* Ohne Komma: *Sie hatte geplant zu gehen.* Die Regel für den erweiterten Infinitiv gilt aber nicht, wenn dieser als Subjekt am Anfang eines zusammengesetzten Satzes steht: *Diesen Film gesehen zu haben hat noch niemandem geschadet.* Hingegen mußte ein Komma stehen, wenn die Infinitivgruppe gegenüber dem übergeordneten Verb die Rolle des Objekts spielt: *Diesen Film gesehen zu haben, hat noch niemand bereut.* Ein Komma wurde auch gesetzt, wenn ein Infinitiv (sogar ein einfacher!) als Subjekt dem übergeordneten Prädikat folgt: *Ihre Absicht war, fernzusehen.* Zusammengefaßt: Wer hier das Komma korrekt setzen will, muß – in richtiger Abfolge – ganz unterschiedliche grammatische Kategorien sicher beherrschen.

70 Die Neuregelung bringt bei *Infinitivgruppen* folgende Neuerung: Grundsätzlich muß kein Komma mehr gesetzt werden. *Sie hatte geplant ins Kino zu gehen.* Ein Komma *kann* jedoch gesetzt werden, wenn man die Gliederung des Satzes deutlich machen will. So kann man mit Komma anzeigen, ob eine Infinitivgruppe als integrierender Bestandteil des Satzes oder als Zusatz oder Nachtrag zu verstehen ist: *Sie bot mir(,) ohne einen Augenblick zu zögern(,) ihre Hilfe an.* Zudem kann – wie bisher – ein Komma gesetzt werden, wenn Mißverständnisse möglich sind: *Ich rate, ihm zu helfen* (gegenüber: *Ich rate ihm, zu helfen*).

Entsprechend sind auch die *Partizipgruppen* geregelt. So kann man künftig ohne Komma schreiben: *Vor Anstrengung heftig keuchend kam er die Treppe herauf. Er kam vor Anstrengung heftig keuchend die Treppe herauf.* Gerade im zweiten Beispiel kann es aber durchaus sinnvoll sein, Kommas zu setzen – und zwar dann zwei, am Anfang und am Ende der Partizipgruppe. Es wird dann deutlich, daß das in der Partizipgruppe Ausgesagte nur ein Begleitumstand ist: *Er kam, vor Anstrengung heftig keuchend, die Treppe herauf.*

Kombination von Anführungszeichen und Komma

71 Bei den Anführungszeichen werden die Regeln für die Kombination mit dem Komma vereinfacht. So soll das Komma bei *direkter Rede* grundsätzlich nicht weggelassen werden, wenn der Kommentarsatz folgt oder nach ihr weitergeht. Wie bisher:

»Ich komme gleich wieder«, sagte sie. Neu auch: *»Wann kommst du?«, fragte sie mich. Sie sagte: »Ich komme gleich wieder«, und ging hinaus.* (Vgl. schon heute: *Sie sagte, sie komme gleich wieder, und ging hinaus.*)

5. Worttrennung am Zeilenende

Die bisherige Regelung der Worttrennung am Zeilenende (Silbentrennung) war einmal durch historisch bedingte Einzelfestlegungen bestimmt, zum andern setzte sie einige Kenntnisse voraus, die nur wenige mitbringen können.

Beispiel für eine überholte Einzelfestlegung ist die berühmte Regel, daß *st* im Gegensatz etwa zu *sp* nicht getrennt werden durfte, eine Regelung, die sich aus historischen Bedingungen des Buchdrucks herleitet und heute funktionslos geworden ist: In der Frakturschrift – der alten »deutschen« Schrift – standen langes *s* (ſ) und *t* auf *einem* Block und konnten daher gar nicht getrennt werden.

Was die Vorkenntnisse betrifft: Nach der bisherigen Regelung waren zusammengesetzte griechische und lateinische Fremdwörter nach den Bestandteilen zu trennen, aus denen sie zusammengesetzt sind. Die vorgeschriebene Trennung setzte also die Kenntnis der griechischen und lateinischen Stämme voraus, die einer Zusammensetzung zugrunde liegen. So mußte man bislang trennen (wir geben nur die problematischen Trennstellen an): *Päd-agogik, Heliko-pter, Chir-urg, Psych-iater, par-allel.* Kritisch ist dabei anzumerken, daß schon die bisherige Regelung in Einzelfällen Trennung nach Sprechsilben verlangt, so in: *Ka-te-go-rie, Dra-ma-turg, tran-si-tiv* (nach der Zusammensetzung wäre zu trennen: *Kat-ego-rie, Dra-mat-urg, trans-itiv*).

Im einzelnen führt die Neuregelung in vier Bereichen zu Änderungen:
- Trennung von *st* (→73)
- Trennung von *ck* (→74)
- Verbindungen mit *r* und *l* sowie *gn* und *kn* in Fremdwörtern (→75)
- Zusammensetzungen, die nicht mehr als solche empfunden werden (→76).

Trennung von st

73 Entsprechend der bisher schon sehr weit reichenden Grundregel, nach der von mehreren Konsonantenbuchstaben der letzte auf die nächste Zeile gesetzt wird, wird nunmehr auch *st* getrennt. Also: *meis-tens, Kis-ten, flüs-tern, Fens-ter, bers-ten* usw. (wie: *Es-pe, Mas-ke, leug-nen, mod-rig, schimp-fen, schlüpf-rig* usw.).

Trennung von ck

74 Die Buchstabengruppe *ck* wird nicht mehr in *k-k* aufgelöst, sondern wie *ch* und *sch* als Einheit behandelt: *Zu-cker, fli-cken, tro-cken.*

Verbindungen mit r *und* l *sowie* gn *und* kn *in Fremdwörtern*

75 Die aus dem Latein bzw. den romanischen Sprachen stammende Regel, daß Verbindungen mit *r* und *l* sowie die Buchstabenverbindungen *gn* und *kn* in Fremdwörtern ungetrennt bleiben, ist nicht mehr obligatorisch. Bei den folgenden Beispielen steht die bisherige, weiterhin zulässige Trennung in Klammern:

Quad-rat (Qua-drat), möb-liert (mö-bliert), filt-rieren (fil-trieren), Mag-net (Ma-gnet), pyk-nisch (py-knisch).

Nicht mehr als solche empfundene Zusammensetzungen

Zusammengesetzte Wörter werden – wie bisher – nach ihren Bestandteilen getrennt. Ursprünglich zusammengesetzte, aber heute nicht mehr ohne weiteres als zusammengesetzt erkennbare Wörter können nach den Regeln für einfache Wörter getrennt werden. Bei den folgenden Beispielen steht die bisherige, weiterhin zulässige Trennung in Klammern. Deutsche Wörter: *wa-rum (war-um), hi-nauf (hin-auf), ei-nan-der (ein-an-der), beo-bach-ten (be-ob-ach-ten).* Fremdwörter lateinischen oder griechischen Ursprungs: *Pä-da-go-gik (Päd-ago-gik), Chi-rurg (Chir-urg), Phi-lip-pi-nen (Phil-ip-pi-nen), Nos-tal-gie (Nost-algie), He-li-kop-ter (He-li-ko-pter), pa-ral-lel (par-al-lel).*

76

Wie geht es weiter?

77 Was auf der Wiener Orthographiekonferenz von Fachleuten und Vertretern zuständiger staatlicher Stellen beschlossen worden ist, muß nun noch den Weg durch die politischen Entscheidungsinstanzen gehen. Die Wege, die zur Durchsetzung der Neuregelung in den deutschsprachigen Ländern beschritten werden müssen, sind unterschiedlich: In Deutschland werden die Kultusbehörden der einzelnen Bundesländer sowie das Bundesinnenministerium sich zunächst eine Meinung zu bilden und dann auf gesetzgeberischem Weg zu entscheiden haben. Österreich und die Schweiz haben sich bereits in Wien festgelegt: positiv, aber auch hier bedarf es zur Umsetzung der Beschlüsse noch einer Reihe administrativer Akte.

78 Selbstverständlich wird es danach Regelungen für die Übergangszeit geben. Nach der Einführung der Neuregelung werden eine Zeitlang alte und neue Orthographie nebeneinander Gültigkeit haben. Während dieser Zeit wird für Ämter und Schulen – und natürlich ebenso für die gesamte schreibende Öffentlichkeit – ein gewisses Maß an Toleranz hinsichtlich orthographischer Regeltreue gelten müssen. Gleichgültig, ob sich Schreibende an den alten oder an den neuen Regeln orientieren – beides muß akzeptiert werden.
Eine solche Situation wird überall, in besonderem Maße aber in den Schulen, als ungewöhnlich und wohl auch als problematisch angesehen werden. Vielleicht bietet aber gerade das die Chance, ein aufgeschlossenes Verhältnis zur Rechtschreibung zu gewinnen und die Überbewertung von orthographischen Fehlern abzubauen. Die neue Schreibung wird gelehrt und – hoffentlich – gelernt, die Schülerinnen und Schüler bleiben aber noch allenthalben mit der alten konfrontiert: in Büchern, in Zeitungen (die sich auch nur allmählich umstellen werden) und

in schriftlichen Zeugnissen der älteren Generation. Es wird unter diesen Umständen über eine gewisse Zeit selbstverständlich sein, wenn die Schülerinnen und Schüler immer wieder Elemente der alten Schreibung in ihre Texte mischen. Hier müssen sie damit rechnen können, daß ihre »Regelverstöße« sehr tolerant behandelt werden – umgekehrt wird jeder derartige »Verstoß« markiert werden müssen, um die Lernenden nach und nach an die neue Schreibung zu gewöhnen. Und noch einmal: In keinem Fall darf dies als Fehler gewertet werden, wird doch – wie oben angesprochen – eine breite Vielfalt an Druck- und Schreiberzeugnissen den Schülerinnen und Schülern die alte Schreibung häufig noch vor Augen bringen.

Was schließlich die entferntere Zukunft angeht: Völlig problemlos wird das Schreiben nach den neuen Regeln auch nach der Übergangszeit nicht sein, schon deshalb nicht, weil teilweise beachtliches grammatisches Wissen erforderlich ist, um gewisse Schreibentscheidungen treffen zu können. Keine Reform, auch nicht eine tiefgreifende, kann die deutsche Orthographie wirklich einfach und ihr Erlernen sozusagen kinderleicht machen.

Wer sich das immer bewußt hält, wird nicht so leicht der Versuchung erliegen, der orthographischen Korrektheit zu große Bedeutung beizumessen. Es ist wichtig und sinnvoll, die Orthographie möglichst einwandfrei zu beherrschen, weil eben nur eine weitgehend normierte Schreibung auch Verständigung und Verstehen erleichtert, ja oft überhaupt erst ermöglicht. Umgekehrt muß jedoch auch klar sein, daß normgetreues Schreiben an sich kein Selbstzweck ist – richtig geschriebener Unsinn bleibt Unsinn! Es gilt also, den Stellenwert der Rechtschreibung richtig einzuschätzen: Sie ist nur ein Mittel, das uns die schriftliche Verständigung erleichtern soll.

Ausgewählte Beispiele für neue Schreibungen und Worttrennungen

bisher	künftig
gestern, heute, morgen abend	gestern, heute, morgen Abend
absein	ab sein
in acht nehmen	in Acht nehmen
außer acht lassen	außer Acht lassen
8fach, das 8fache	8-fach, das 8-Fache
und ähnliches (u. ä.)	und Ähnliches (u. Ä.)
alleinstehend	allein stehend
im allgemeinen	im Allgemeinen
allgemeinverständlich	allgemein verständlich
beim alten bleiben	beim Alten bleiben
Amboß	Amboss
andersdenkend	anders denkend
aneinanderreihen	aneinander reihen
angst [und bange] machen	Angst [und Bange] machen
ansein	an sein
im argen liegen	im Argen liegen
Asphalt	auch: Asfalt
aufeinanderprallen	aufeinander prallen
aufsehenerregend	Aufsehen erregend
aufsein	auf sein
auf seiten	auf Seiten/aufseiten
auseinandernehmen	auseinander nehmen
aussein	aus sein
bak-ken	ba-cken
Ballettänzerin	Balletttänzerin
Baß	Bass
Baßstimme	Bassstimme
behende	behände
bekanntgeben	bekannt geben
bekanntmachen	bekannt machen
belemmert	belämmert

bisher	künftig
im besonderen	im Besonderen
bessergehen	besser gehen
das beste wäre ...	das Beste wäre ...
der, die, das erste beste	der, die, das erste Beste
zum besten geben, halten, stehen	zum Besten geben, halten, stehen
in bezug auf	in Bezug auf
Biß	Biss
bißchen	bisschen
blaß	blass
bleibenlassen	bleiben lassen
sich im bösen trennen	sich im Bösen trennen
Boß	Boss
Brennessel	Brennnessel
Chir-urg	auch: Chi-rurg
dar-in	auch: da-rin
dasein	da sein
daß	dass
Delphin	Delfin
auf deutsch	auf Deutsch
diensthabend	Dienst habend
Druk-ker	Dru-cker
im dunkeln tappen	im Dunkeln tappen
durcheinanderbringen	durcheinander bringen
dur-stig	durs-tig
jeder einzelne	jeder Einzelne
im einzelnen	im Einzelnen
der, die, das einzige	der, die, das Einzige
eislaufen	Eis laufen
er, sie entschloß sich	er, sie entschloss sich
Entschluß	Entschluss
ernstzunehmend	ernst zu nehmend
essentiell	auch: essenziell
Exposé	auch: Exposee
Exzeß	Exzess

bisher	künftig
fallenlassen	fallen lassen
Faß	Fass
fertigstellen	fertig stellen
es floß	es floss
flötengehen	flöten gehen
Fluß	Fluss
Flußschiffer	Flussschiffer
es ist folgendes zu beachten ...	es ist Folgendes zu beachten ...
im folgenden wird gezeigt ...	im Folgenden wird gezeigt ...
Frevel	Frefel
er, sie, es frißt	er, sie, es frisst
fro-stig	fros-tig
im [großen] ganzen	im [großen] Ganzen
gefangennehmen	gefangen nehmen
gegeneinanderprallen	gegeneinander prallen
geheimhalten	geheim halten
Gemse	Gämse
aufs genaueste	aufs Genaueste
genaugenommen	genau genommen
genausogut	genauso gut
er, sie genoß es	er, sie genoss es
Genuß	Genuss
nicht das geringste	nicht das Geringste
nicht im geringsten	nicht im Geringsten
gewinnbringend	Gewinn bringend
gewiß	gewiss
das gleiche, was ...	das Gleiche, was ...
glühendheiß	glühend heiß
er, sie, es goß	er, sie, es goss
gräßlich	grässlich
grauenerregend	Grauen erregend
im großen und ganzen	im Großen und Ganzen
Guß	Guss
jenseits von Gut und Böse sein	jenseits von gut und böse sein

50

bisher	künftig
hängenlassen	hängen lassen
hartgekocht	hart gekocht
Haß	Hass
häßlich	hässlich
heiligsprechen	heilig sprechen
heißersehnt	heiß ersehnt
He-li-ko-pter	auch: He-li-kop-ter
her-an	auch: he-ran
auf das herzlichste	auf das Herzlichste
hierbleiben	hier bleiben
hilfesuchend	Hilfe suchend
hofhalten	Hof halten
Hosteß	Hostess
Imbiß	Imbiss
imstande sein	auch: im Stande sein
in Frage kommen	auch: infrage kommen
instand halten	auch: in Stand halten
In-ter-es-se	auch: In-te-res-se
irgend etwas	irgendetwas
irgend jemand	irgendjemand
er, sie ißt	er, sie isst
für jung und alt	für Jung und Alt
Känguruh	Känguru
Ka-sten	Kas-ten
kennenlernen	kennen lernen
im klaren sein	im Klaren sein
bis ins kleinste	bis ins Kleinste
kochendheiß	kochend heiß
Koloß	Koloss
Kommiß	Kommiss
Kompaß	Kompass
Kompromiß	Kompromiss
Kongreß	Kongress
kopfstehen	Kopf stehen
Kreppapier	Krepppapier

bisher	künftig
Kuß	Kuss
er, sie, es läßt	er, sie, es lässt
auf dem laufenden sein	auf dem Laufenden sein
der, die, das letzte	der, die, das Letzte
das letztemal/letzte Mal,	das letzte Mal,
zum letztenmal/letzten Mal	zum letzten Mal
liegenbleiben	liegen bleiben
liegenlassen	liegen lassen
Li-ste	Lis-te
lok-ker	lo-cker
maßhalten	Maß halten
nicht im mindesten	nicht im Mindesten
mißhandeln	misshandeln
mißlich	misslich
Mißmut	Missmut
er, sie, es mißt	er, sie, es misst
gestern, heute, morgen mittag	gestern, heute, morgen Mittag
alles mögliche	alles Mögliche
sein möglichstes tun	sein Möglichstes tun
Mon-ar-chie	auch: Mo-nar-chie
Mop	Mopp
gestern, heute morgen	gestern, heute Morgen
er, sie, es muß	er, sie, es muss
der nächste, bitte!	der Nächste, bitte!
naß	nass
nebeneinanderlegen	nebeneinander legen
neur-al-gisch	auch: neu-ral-gisch
numerieren	nummerieren
Nuß	Nuss
Päd-ago-ge	Pä-da-go-ge
Panther	Panter
par-al-lel	auch: pa-ral-lel
Paß	Pass
Portemonnaie	auch: Portmonee
potential, potentiell	auch: potenzial, potenziell

bisher	künftig
Prozeß	Prozess
Quentchen	Quäntchen
radfahren	Rad fahren
rauh	rau
recht behalten, bekommen, geben, haben	Recht behalten, bekommen, geben, haben
reichgeschmückt	reich geschmückt
ins reine schreiben	ins Reine schreiben
Rhabarber	auch: Rabarber
richtigstellen	richtig stellen
er, sie, es riß	er, sie, es riss
Riß	Riss
Roheit	Rohheit
Roß	Ross
ruhigstellen	ruhig stellen
saubermachen	sauber machen
Schiffahrt	Schifffahrt
schlechtgelaunt	schlecht gelaunt
er, sie, es schloß	er, sie, es schloss
Schloß	Schloss
Schluß	Schluss
Schlußstrich	Schlussstrich
schneuzen	schnäuzen
er, sie, es schoß	er, sie, es schoss
Schuß	Schuss
schwerfallen	schwer fallen
schwerverständlich	schwer verständlich
Schwimmeisterschaften	Schwimmmeisterschaften
auf seiten	auf Seiten/aufseiten
von seiten	von Seiten/vonseiten
selbständig	selbstständig
sitzenbleiben	sitzen bleiben
sitzenlassen	sitzen lassen
spazierengehen	spazieren gehen
Sproß	Spross

bisher	künftig
steckenbleiben	stecken bleiben
stehenbleiben	stehen bleiben
stehenlassen	stehen lassen
Stewardeß	Stewardess
Stilleben	Stillleben
strik-ken	stri-cken
Stop	Stopp
substantiell	auch: substanziell
Thunfisch	Tunfisch
Tip	Tipp
Tolpatsch	Tollpatsch
auf dem trockenen sitzen	auf dem Trockenen sitzen
sein Schäfchen	sein Schäfchen
ins trockene bringen	ins Trockene bringen
trö-sten	trös-ten
im trüben fischen	im Trüben fischen
übelnehmen	übel nehmen
Überschuß	Überschuss
überschwenglich	überschwänglich
übrigbleiben	übrig bleiben
im übrigen	im Übrigen
übriglassen	übrig lassen
im ungewissen bleiben	im Ungewissen bleiben
im unklaren lassen	im Unklaren lassen
unrecht behalten, geben, haben, tun	Unrecht behalten, geben, haben, tun
verbleuen	verbläuen
Verdruß	Verdruss
Vergißmeinnicht	Vergissmeinnicht
er, sie, es vergißt	er, sie, es vergisst
verlorengehen	verloren gehen
vielsagend	viel sagend
vielversprechend	viel versprechend
aus dem vollen schöpfen	aus dem Vollen schöpfen
von seiten	von Seiten/vonseiten

bisher	künftig
im voraus	im Voraus
vorwärtskommen	vorwärts kommen
Walroß	Walross
Wek-ker	We-cker
weichgekocht	weich gekocht
ohne weiteres	ohne Weiteres
im wesentlichen	im Wesentlichen
We-ste	Wes-te
wieviel	wie viel
wor-auf	auch: wo-rauf
er, sie, es wußte	er, sie, es wusste
zufriedenstellen	zufrieden stellen
zugrunde liegen	auch: zu Grunde liegen
zugunsten	auch: zu Gunsten
zu Rande kommen	auch: zurande kommen
zu Rate ziehen	auch: zurate ziehen
Zuschuß	Zuschuss
zustande kommen	auch: zu Stande kommen
zutage treten	auch: zu Tage treten
zusammensein	zusammen sein
zuviel	zu viel
zuwenig	zu wenig

Alle hier angegebenen neuen Schreibungen und Worttrennungen entsprechen den Beschlüssen der Wiener Orthographiekonferenz vom 22. bis zum 24. November 1994. Es ist nicht auszuschließen, daß die endgültige Fassung des neuen amtlichen Regeltextes noch geringfügige Änderungen in Einzelfällen bewirkt.